Uređuje
NOVICA TADIĆ

Likovno oblikuje
DOBRILO M. NIKOLIĆ

Na koricama
Crtež Paula Klea

znakovi pored puta

Goran Simić
KNJIGA LUTANJA

pesme

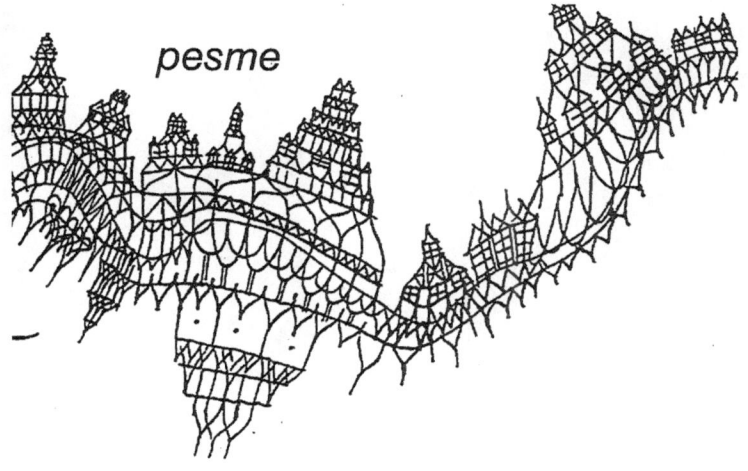

Rad / Beograd
2002

EMIGRANTSKA

Mi koji u zoru drijemamo u pospanim metroima,
i čitamo jučerašnje novine u gradskim autobusima
još nikada nismo promašili naše subotnje večeri.
Tad se nađemo u kafani i pričamo o Domovini.

Žedno gutamo pivo kao da spiramo u stomaku
onu mučninu koja se svakog ponedjeljka useli u nas
sa zvonjenjem budilnika
i nervoznim licem poslodavca koji ne shvata smisao
razgovaranja o Domovini i politici.

Tamo proljeća mirišu na djetinjstvo,
Tamo majke mirišu na kuhinjske krpe,
Tamo ljudi imaju vremena da se vole.

Gledamo se u oči kao zavjerenici
i govorimo u pola glasa.
Šapućemo kako ne bi dali priliku nekom
                                       pametnjakoviću
za susjednim stolom da nas upita:
Zašto se ne vratimo u Domovinu kad već toliko
                                       patimo
i kad je tamo sve bolje.
Onda bi se morali pravdati neotplaćenim kreditima
i djecom koja ne žele da se vrate
tek da bismo odagnali strašnu sumnju koja se
                                    uselila u nas kao bolest,
sumnju da možda u Domovini više ne stanuju oni
zbog kojih bismo se vratili.
Tamo ptice pjevaju sočnije,

Tamo strast miriše u vazduhu
Tamo muškarci i ponedjeljkom sjede u kafani.

Pijemo i pričamo o politici
i svaka nam je riječ tačna kao račun koji stiže sa
                                                 pićima.
Šapućemo da nam kelnerica ne bi dobacila
kako smo se u Domovinu već mogli vratiti kao
                                                 bogataši
samo da smo izbjegavali subotnje večeri sve ove
                                                 godine.

Šta kelneri znaju o nostalgiji,
Šta Domovina zna o našoj tugi,
Šta subote znaju o našim ponedjeljcima.

Pijemo i pričamo
kao da se liječimo od strašne bolesti od koje se umire
samo subotom.
Pričamo tek da nikome ne bi dali šansu da pomene
kako je mamurluk na isti način ružan
u Domovini
kao i ovdje.

(Toronto, Kanada, 1998)

RAZLIKE U RUŠENJIMA

U Zemlji u kojoj živim
kada se ruši kuća dođe par radnika sa ugovorom,
sruše kuću za nekoliko dana i odu
i poslije se niko više ni ne sjeti imena onih koji su
tu do juče živjeli.

U Zemlji iz koje dolazim
prije rušenja kuće dođe vod naoružanih policajaca
i kola prve pomoći zbog nekoga koji u bolu poželi
da umre pod srušenim krovom
pod kojim se nekada davno rodio.
Poslije mjesecima čak i djeca izbjegavaju to mjesto
na kojem je nekada stajala kuća
zbog duhova predaka koji jauču iz paučine
 i korova.
Tamo je kugla za rušenje teška kao kletva.

U Zemlji iz koje dolazim
šef brigade za rušenje kuća bio je neki siromah Ivo,
čovjek bez porodice ali čovjek sa pištoljem za
 pasom.
Trideset godina, koliko je skupljao kletve,
imao je običaj da od svake srušene kuće uzme
 nekoliko cigli.
Kasnije je od tih cigli sazidao sebi kuću.

Ta kuća još uvijek stoji na svome mjestu
jer u toj kući više niko ne živi

zato što siromah Ivo sada radi kao obični fizički
radnik
u brigadi ljudi koji grade kuće
u Zemlji u kojoj živim.

O URSULI I JEZIKU

Nekoliko mjeseci nakon što sam se preselio
                               u Kanadu
Ursula me je pitala da li sam počeo sanjati
                             na engleskom jeziku.
Zastidio sam se što nisam.
U to vrijeme sam još uvijek držao neraspakovane
                                kofere
i jedini jezik kojim sam govorio bio je jezik tuge.
Danju sam se borio sa riječima koje mi nedostaju
a noću sam ih zaboravljao.
To će biti, rekla mi je Ursula,
kao kad cijeli život slikaš vodenim bojama
a onda te prisile da slikaš samo crnim flomasterom.
Onda je nestala.

Vratila se prije neku noć sa istim pitanjem.
Opet sam se zastidio jer sam još uvijek, na putu do
                               pisaćeg stola,
najdužem putu koji znam,
preskakao raspakovane kofere koji su se uporno
                               opirali
da siđu u podrum mitećі me mirisom zavičaja.
Već tada sam se noću borio sa riječima koje mi
                               nedostaju
a danju sam tragao za ostacima noći.
Onda je opet nestala.

Kada je Ursula odlazila
nije primijetila da joj je sa gležnja spao flaster koji
                               je tako nemušto
prekrivao one sive brojeve

koje joj je nekada davno u Aušvicu utetovirao
neki mladi vojnik.
Možda obični vojnik koji je vjerovao u brojeve.
Možda vjerujući kako jezik više ne razmišlja
o domovini
niti domovina suviše mari za jezik i razlike
između vodenih boja i flomastera.

Više je nikad nisam sreo.
Ona se pretvorila u slova a ja sam još uvijek broj.

(Toronto, Kanada, 1997)

DEBELA CRVENA LINIJA

za Frasera Sutherlanda

Pobjeglo mi je jagnje
i poslao sam vuka da mi ga vrati.
Puno takvih jagnjadi švrlja po šumi
i ostavlja brabonjke po mjestima sa kojih volim
    osmatrati dolinu.
Plašim se da bi se vuku šta moglo dogoditi.
Jer puno je jagnjadi koja bježe
a malo takvih vjernih vukova.
Prođu godine dok ih ne navikneš
da te ne gledaju u oči već u ruke.

Čitao sam u Enciklopediji koliko je ljudi
ubijeno u Aušvicu. Kao jagnjad.
Poslije sam čitao drugu knjigu o istom logoru
ali u popisu je nedostajalo 308 žrtvi.

Između te dvije knjige šeta moj vuk,
po dubokom snijegu
i repom povlači debelu crvenu liniju.
Gledam ga kako zadovoljno njuši zrak
jer opet dolazi proljeće
kada se snijeg topi brzo kao sjećanje
i kada jaganjci imaju potrebu da bježe.

(Berlin, Njemačka, 1995)

OTAC I PČELE

Sad znam da moj otac nije ništa naučio o ratu.
Nije ništa naučio ni o pčelama.
Početkom Drugog svjetskog rata obukao je uniformu
                                         i otišao
da se bori protiv fašizma ostavljajući porodičnu
                               kuću i svoje pčelinjake.
Kasnije kad su pčele podivljale i počele napadati
                                         djecu
mještani su ih ugušili dimom.

Nakon dvije godine novoga rata
otišao je u staru porodičnu kuću
i ponovo počeo uzgajati pčele.
Prestao je čitati novine,
sve manje psuje vlast
i nestane kada se zapodjene razgovor o politici.

Poslao mi je teglu meda. Još uvijek je nisam otvorio.

Čuo sam da je desetak kilometara od stare
                                       porodične kuće
ubijeno i sahranjeno 7 000 ljudi.
Čuo sam da od smrada raspadnutih leševa
pokopanih na fudbalskom igralištu više niko ne
                                       osjeća miris lipe.
Kažu da noću niko ne može zaspati
od detonacija praznih stomaka mrtvaca
koji pucaju na ljetnoj žezi.

Moj otac to ne zna. On samo uzgaja pčele.

Prevrćem Enciklopedije i tražim podatak
                koliko daleko pčele mogu letjeti
i da li bježe od smrada.
Onda se rasplačem.
I ne uspijevam objasniti svojoj djeci zašto im
                        zabranjujem
da otvore teglu meda koju im je poslao moj otac.
Ratnik i pčelar koji nikada nije ništa naučio
ni o ratu ni o pčelama.

(London, Engleska, 1996)

SLIKE KOJE SE PONAVLJAJU

za Amelu

Muha šeta po ekranu televizora na kojem
                                      Predsjednik
najavljuje strašne dane koji predstoje.
Iza njega je zastava.
Na suprotnoj strani od zastave
u podrumskom sobičku
jedna žena prebrojava sitni novac
koji je preostao od prodaje jutarnjih novina.
Njen sin, prljavih ruku od štamparske boje,
                      spava.
Iznad njegove glave je fotografija izrezana iz novina
na kojoj se Predsjednik rukuje sa dječakom.
Vidi se kako se dječak stidi svojih prljavih ruku.

Koji kilometar dalje
jedan vozač, nekada najbolji student generacije
odmotava sendvič umotan u jučerašnje izdanje
                                      novina.
Iza njega bager tovari zemlju na njegov kamion.
Razmišlja li
koliko himni je otpjevano ovoj zemlji
koja diže prašinu na kamionu izrešetanom mecima.
Koliko je samo suza proliveno zbog te obične zemlje
prije nego je sažvakala zadnju generaciju boraca
i postala prašina.
On samo odmotava jučerašnje novine u koje je
                                  umotan sendvič
i primijećuje kako je hljeb sve tvrđi i tvrđi
iz dana u dan

i kako zanos polako prolazi, kao vjetar
koji puhne kroz slomljeno staklo kamiona
i odnese svježe jutarnje novine
zajedno sa nečijim otiscima od štamparske boje.

(London, Engleska, 1995)

DOLAZI PROLJEĆE U MOJ GRAD

Dolazi proljeće ne štakama.
Laste opet prave gnijezda na ruševinama
i opet veselo vijore dječije pelene na štriku
razapetom između dva groblja.
Mir nas je zatekao nespremne da bez stida priznamo
da smo preživjeli i da već maštamo o galebovima
                                                          i moru.
Unio je nemir u naša svečana odijela i cipele za ples,
ušao je kroz stomak i tu se skupio kao bolest.

Dolazi proljeće na štakama.
Eno, besposleni vojnici pijani tumaraju gradom
jer ih kod kuća čekaju pozivi da vrate uniforme.
Eno, iz bioskopa iznose momka koji nije mogao da
                                                        podnese
ljepotu jednostavnog ljubavnog hepienda.
Eno, nekadašnji rekorder u trčanju na sto metara
sjedi na stadionu i posmatra sjenku
svojih ortopedskih kolica.
Ni komšinice se više ne svađaju onim žarom
sa kojim su nekada jedna drugoj smišljale gadosti.
Kao da smo se u donjem vešu probudili
na blještavoj pozorišnoj sceni
i sada tumaramo tražeći izlaz.
Kao da nas je mir prepolovio.

Dolazi proljeće. Na štakama.
Dolazi vrijeme medalja
kada djeca u svježe okrečenim sirotištima

sve češće posežu za albumima porodičnih
                                  fotografija.
      Dolazi vrijeme u kojem će ogromne zastave
                              prekriti pejsaž užasa,
i male ljude sa malim zastavicama u rukama.
Niko neće vidjeti prizor kako moj komšija,
sam u podrumu,
drži u ruci dječiju zimsku rukavicu.
I plače.

(Amsterdam, Holandija, 1995)

NIŠTA NISAM NAUČIO

Bavio sam se proučavanjem šuma i čitanjem
                                                    korijenja
i pravio se da ne vidim ništa više od onoga
što ni drugi nisu primjećivali.
Znao sam istoriju svakog stabla, porijeklo mahovine,
godište svake vjeverice i nisam ni primijetio
kad je gradska Policija promijenila uniforme.
Gradom su već hodale horde nadriljekara nudeći
                                                    recepte
za vječni život,
ljekari su napuštali bolnice i pojavljivali se na TV
                                                    ekranima
nudeći sirotinji čudotvorna rješenja za brzo
                                                    bogaćenje,
nepotkupljive sudije su izlazile na pijanke sa onima
koje su nekada osudili,
žene su se budile sa tamnim podočnjacima
i zaboravljale da odu u obdaništa po djecu.
Glavna literatura su postali horoskopi
a knjige proroka su se štampale u tiražima
toalet papira.
Pravio sam se da ne primjećujem kako moj
                                                    profesor istorije
skida šešir i pozdravlja nekada najgore učenike
što su šetali glavnom gradskom ulicom sa
                                                    revolverima za pasom.

Prolazim pored Gimnazije u kojoj sam proveo godine
učeći o dobroti ljudi i srećnim završecima ratova.

Sad tu žive izbjeglice. Ispod plastičnih folija na
                               prozorima
vire dimnjaci od šporeta
umjesto znatiželjnih glava učenika.

Proveo sam tu godine učeći dostojanstveni jezik
                               ubjeđivanja
i ništa nisam naučio.
Čak ni neke obične riječi kojima bih mogao
                               ubijediti čovjeka
što sa sjekirom u ruci mjerka stablo javora
                               ispod Gimnazijskih prozora.
To je onaj isti javor
koji me je godinama, nekim nevidljivim jezikom,
ubjeđivao kako u šumi svako stablo ima svoje ime,
i svoj korijen i svoju dušu.
Onaj isti Javor
čiji prvi list sam nastanio u herbarijum
vjerujući kako počinjem učiti.

(Toronto, Kanada, 1995)

U VRIJEME GLADI

U vrijeme gladi živjeli smo od sjećanja.
Motali smo ostatke duvana u tanke listove Biblije
i stavljali ih u kutije „Marlbora",
pravili smo konjak mješajući čisti alkohol i čaj
i usipali ga u boce sa etiketom najboljih škotskih
                                               viskija,
na gladne pijace smo odlazili sa kesama
prvih svjetskih modnih kuća.
Uz prvu kafu bi razgovarali o davnim TV serijama
i niko nije pominjao ni mrtve ni nas koji smo
                                               ličili na njih.

Sjetih se da se moj stric Matija, nekada davno,
posvađao sa mojim ocem oko nasljeđa,
toliko žestoko da sa njim pet godina nije
                                               progovorio ni riječi.
Jednom se u seoskoj kafani tako žestoko zapio
da je glasno počeo psovati brata nazivajući ga
                                               komunistom i raspikućom.
Neko od lokalnih pijanaca,
prepoznavši u njegovom bijesu samo dobru priliku
                                               za čašicu besplatne rakije
samo se glasno složio sa stričevim sudovima
na šta mu je stric zalijepio šamarčinu i rekao:
Ja smijem o svome bratu govoriti najgore
                                               moguće stvari
ali tebi ne dam da mi vrijeđaš brata.

Tako je jednom u toku rata u Sarajevo banuo neki
                                               strani novinar koji je

nakon sirotinjske večere što smo je iznijeli pred
njega rekao
da sloboda mora što prije doći makar da nas poštedi
splačina koje jedemo.

Kasnije je uzaludno kucao na naša vrata
i čudio se što ga više ne prepoznajemo
dok na gladnu pijacu odlazimo sa kesama prvih
modnih kuća,
pušeći smrdljivi duvan u kutijama „Marlbora",
u potrazi za nečim za šta samo mi
smijemo reći da je đubre.

(Los Anđeles, Amerika, 1995)

GROB NEZNANOG JUNAKA

Moja majka je napustila Komunističku partiju
kada su joj preporučili da ne rađa djecu.
Znala je dobro odvagati težinu značenja
i jasni vojnički zvuk na oko naivne riječi „preporučiti".
Desilo se to u vrijeme kad su joj namijenili
                            posebnu čast
da predvodi delegaciju koja će položiti cvijeće
na Grob Neznanog Junaka

Onda je rodila mene.

Tako nikada nije otišla da položi cvijeće na Grob
                            Neznanog Junaka.
Ona njena fotografija na kojoj se vidi kako izlazi
                            iz Logora
okružena nečijom tuđom djecom
više se nikad nije pojavila u svečanim izdanjima
                            novina
svi su zaboravili da su joj se smiješili nekada davno
kada joj se državna zastava činila mirišljavijom
od dječijih pelena.

Pomislim,
da joj se tada partijski orden učinio težim od njenog
                            stomaka
vjerovatno me nikada ne bi rodila.
Polagala bi cvijeće na tuđe grobove.

Moje majke više nema.
Nema ni onoga koji joj je preporučio
da ne bude majka.

Tu sam samo ja koji ne vjerujem
da postoje grobovi bez imena
kada ih i ljudi i Države
i svaki cvijet imaju.

(Toronto, Kanada, 1997)

TREĆA ENGLESKA PJESMICA

(U Sarajevu sa Borhesom)

Čime te mogu podmititi.
Nudim ti urlik čovjeka koji je zalutao u minsko polje
slijedeći trag odbjegle ovce.
Mogu ti ponuditi ušnu školjku žene koju sam
                              prepoznao
po naušnici što sam je osvojio jedne godine
na vašaru, pucajući u žutu plastičnu ružu.
Mogao bih ti pokloniti rukav vjenčanice moje sestre
što mi je ostao u ruci onda kada sam je pokušavao
izvući ispod tenka.
Mogu ti pokazati porodičnu fotografiju
na kojoj moj brat u vojničkoj uniformi
stoji iznad dječaka sa olovkom u ruci
i mrljom od tinte na čelu.
U njoj bi možda prepoznao
istoriju moje porodice,
porodično stablo sa kojeg opadaju grane,
jedna po jedna
a ja ih skupljam za potpalu.
Topi se moja biografija Horhe
i sve je više heroja a sve manje svjedoka.
Udvaram ti se kao gubitnik, umoran od pravog rata
koji se do prije neki dan dešavao samo u knjigama,
a ja nemam želje da se uspoređujem sa mrtvima.

Ako ikada progledaš očima dječaka
koji već godinama pokušava da nauči da se nasmiješi
i ja ću osjetiti slatki miris one tvoje žute ruže
koju si ubrao davno prije

nego sam se ja rodio.
Do tada ti mogu ponuditi samo
30 nesretnih stihova.

(Bari, Italija, 1995)

DRAGI MOJ HORHE

Toliko dugo sam učio ljepotu tvojih pjesama
i diskutovao sa tvojom biografijom
da sam kasno primijetio kako moj grad
liči na pepeljaru.
Prošetao sam s tobom glavnom ulicom
i niko te nije prepoznao. Niko.
Ni prodavač novina čiju kćerku je izbacila rijeka
ne mogavši da podnese toliku količinu ljepote.
Ni trudnica što ti je ponudila stomak
u zamjenu za tvoj štap.
Ni blatnjavi vojnik koji krišom noću
čupa drvene krstove na groblju i mijenja im mjesta
da bi napravio novi raspored tuge.

Svijet izgleda drugačije, moj Horhe,
kada riječi ne prihvataju da budu domovina užasa,
onoga užasa što je lakši
kada traje godinama
nego kada traje satima.

Zato više ne razgovaram o tebi.
Tajim te kao nasljednu porodičnu bolest.
Svijet izgleda drugačije –
prisiljavam se da izgovaram ovu frazu
kao molitvu koja će me odbraniti od potrebe
za tvojim sljepilom što mi stiže u obliku stihova.
Dragi moj Horhe.

(Bari, Italija, 1995)

IMENA

Moja majka nije htjela da pamti prezimena.
Njen telefonski notes je ličio na zbirku imena
i samo ona je znala značenje čudnih crteža
pored svakog telefonskog broja.
Onoga dana kada je zanijemila i odlučila da umre
okretao sam u panici sve brojeve iz njenog notesa
pokušavajući da nađem porodičnog ljekara.
No slušalicu su dizali: poštar, frizerka, tapetar,
i svi oni usamljeni starci koji su htjeli progovoriti
                                            još koju riječ.

Kad sam je sahranio
primijetio sam slučajno da je u susjednom grobu
sahranjen neko kome je na krstu pisalo moje ime.

Sutradan sam došao i zatekao njen krst
skroz nagnut prema susjednom grobu.
Mama, rekao sam joj,
ovaj prekoputa
nema isto prezime kao ti i ja,
i bilo bi krajnje vrijeme da počneš ljude prepoznavati
i po prezimenima.
Ispravio sam joj krst i otišao na sastanak cijele
                                            porodice
na kojem se odlučivalo kakav ćemo majci spomenik
                                            podići.
Razišli smo se u svađi.
Moje dvije bake su se skoro potukle oko veličine slova
koja će biti uklesana u mermer.

Ujutro sam otišao na mamin grob.
Krst je opet bio iskrivljen prema susjednom grobu
a slova njenog prezimena ležala su na decembarskoj
                                                              zemlji
koja se nije razlikovala od zemlje na susjednom
                                                               grobu.

Šta hoćeš da mi kažeš, upitao sam je i sjeo na ivicu
                                                               groba.
Čini mi se da još uvijek tamo sjedim.

(Ne sjećam se gdje, 1996)

BILJEŠKA O ŠUMI I TEBI

Pratio sam te do prvog stabla
onoga proljeća kada smo bili toliko siromašni
da smo iz kućnog riječnika izbacili riječi
kalendar i sat.
Pratio sam tvoju mršavu sjenku što se dodvoravala
nevidljivoj granici iza koje je počinjala šuma
hladna kao vojnički stroj.

Pogledaj
na stoljetnoj bukvi neki mornar je urezao
svoj čin i ime svoje drage.
Na šta li sada liči njihova ljubav
i da li se još uvijek njeno ime uspoređuje sa činom.

U kori hrasta blješte kuršumi
kao sazvježđe nekoga ko se učio baratati pištoljem.
Čije li je lice zamišljao dok je nišanio.
Je li mu se znojio prst primičući se hladnom obaraču
na kojem se ljepota ubjeđivanja pretvarala u pucanj.

Čak i ono oboreno stablo
liči na ono iza naše kuće u koje je djeda
sakrivao pušku a mi se pretvarali da ne vidimo.
Sve dok jednom nisu nestali i djeda i puška.

Pratio sam te do prvog stabla
onoga proljeća kada ti se siromaštvo učinilo
vidljivim kao uniforma.
Onda te je šuma opkolila

i tvoj glas se pretvorio u pucanj.
Jesi li se srela sa mojim djedom
koji sa armijom sjenki tumara šumom
potpuno nesvjestan značenja kalendara i sata?
Je li duh mornara već urezao tvoje ime u stablo.
Pokušavam da to odgonetnem
u sazvježđu kuršuma,
u kori hrasta
iza kojeg počinje svijet kojem ne pripadam.

(Sarajevo, 1995)

KORAK DO LUDILA

Nakon tri godine rata
moj komšija je jedno jutro poludio.
Ne smijem reći iz čista mira
jer su se logičke i jezičke vrijednosti toliko
                              poremetile
da smo iz čiste navike onu klaonicu u kojoj smo
                                   živjeli
nazivali gradom a mrtve nazivali sretnim
                                dobitnicima.
Zatekli smo ga kako
sa vrha topole prekoputa zgrade Predsjedništva
psuje Državu, Vlast, Boga, Vojsku, i Policiju
i traži da svi budemo jednaki u gladi.
Onda se obratio nama, zabezeknutim posmatračima:
„Šta me tako gledate,
i vi ćete sutra ovako."

To je bila najpreciznija formulacija straha,
onoga straha koji nam se svima dugo uvlačio pod
                                   kožu.
Straha od toga da nećemo primijetiti onaj trenutak
kada želja da se popnemo na drvo i urlamo
postane jača od opreza
i pogotovo od straha prema nervoznim državnim
                                   činovnicima
koji psuju i ljuljaju topolu
ne bi li ušutkali glas koji je govorio suviše jasno.
Proveo je na vrhu krošnje deset dana
odolijevajući molbama svoje sestre

i hraneći se hrabrenjima prolaznika koji su mu
                                    dobacivali teme
o kojima još nije govorio.
Postao je simbolom poniženih a njegovom ludilu
                                      svi smo
pomalo davali smisao dodavajući ono što bi
                                    sami voljeli reći.
Svi smo zaboravili da deset dana nije ništa jeo
a onda je pao i umro.

Topola se nakon toga sama od sebe osušila a priča
                                       o tome
kako su mu zadnje riječi bile „ko je sljedeći"
trajala je sve dok se topola nije srušila.

I ja spadam među one koji granu te topole drže
                                      na istom zidu
sa ikonom.
I ja spadam među one koji sa strahom primijećuju
kako topole više nema a zgrada Predsjedništva
                                      još uvijek stoji.
I ja spadam među one koji se nisu sjetili
da je onaj glas došao na vrh topole
da bi tražio hranu.
I da je to bio običan glas mojeg komšije.

(Cirih, Švajcarska, 1995)

O STARCIMA I SNIJEGU

Lagano nestaju sarajevski starci. Jednostavno odu.
Van svakog protokola i bez pozdrava
sagnu se da dohvate štipaljku za veš
i pretvore se u zemlju.
Njihova imena tek na dan
uznemire skromni prostor u jutarnjim novinama
i onda se povuku pred vijestima o ratu.
Iza njih ostanu samo dnevnici, pisma i novo odijelo
odavno spremno za sahranu. A oni prođu
kao povjetarac kroz zavjese napuštenog stana.
I svi im zaboravimo imena.

Penzionisani kapetan iz prizemlja
tri godine je pisao pisma izmišljenom sinu
i slagao ih u kartonske kutije od cipela.
Dnevnike bivše službenice u bivšoj banci
kupio sam od djece izbjeglica prije nego što su
počeli da prave papirne avione.
Bili su pisani nevidljivim mastilom.
Dan prije nego ćemo ga iznijeti iz podruma,
komšija čija je cijela porodica nestala
poklonio mi je tranzistor na baterije
od kojeg se nikada nije rastavljao.
Nikada nije nabavljao baterije i nikada ga nije
                                                                      uključivao.

Okružen stvarima čiji smisao je otišao sa starcima
pokušavam odgonetnuti tajni rukopis tuge,
onu poruku zbog koje Snješko Bijelić

potpuno ravnodušno posmatra izlazak sunca.
Ili sam poruku već odgonetnuo
zaboravljajući da uključim tranzistor
u vrijeme kada bi vijesti sa fronta mogle nadjačati
moju potrebu da se družim
sa pismima upućenim nikome
i dnevnikom u kojem ne piše ništa.
Dok vani pada snijeg.
Isti kao lane.

(Antverpen, Belgija, 1995)

RAT JE ZAVRŠEN, MOJA LJUBAVI

Rat je završen. Čini mi se.
Bar tako tvrde jutrošnje novine.
Na naslovnoj stranici je slika Fabrike
koja je do juče proizvodila samo zastave i vojničke
                                              uniforme
a danas počinje sa pravljenjem pidžama.

Na sljedećoj stranici je izvještaj o dodjeli
posmrtnih medalja a iza toga slijede križaljke
i saopštenje komisije za Državnu lutriju
koja žali što i ovoga mjeseca
niko nije dobio glavni zgoditak.

Apoteke opet rade cijelu noć,
sa radija se čuju stari dobri hitovi
i čini se kao da rata nikada nije ni bilo.

Uđem u prodavnicu starih stvari
i na vješalicama prepoznam svoje komšije:

Eno kaputa Ivana. Postavu smo iskoristili za zavoje.
Gle cipela Hasana. Na njima nema pertli.
Tu su i pantole Jovana. Na njima nema više kaiša.

Ali gdje su ljudi?
I potrčim glavnom ulicom
ne bih li se ogledao u izlozima
ali izlozi su srušeni i u njima stoje samo gole lutke
koje će već sutra odjenuti u nove pidžame
kako tvrde jutarnje novine.

Onda utrčim u naš stan
i ogledam se u staklu na tvojoj slici na zidu
i ne marim što više nisam onaj isti
koji je plakao kad su te odvodili.

Rekla si mi da ćeš se vratiti,
moja ljubavi,
kada se rat napokon završi.

Rat je završen.
Bar tako tvrde
jutarnje novine.

(Montreal, Kanada, 1998)

PRIZOR, NAKON RATA

Nisam ni znao da mi je kuća tako lijepa
dok je nisam vidio kako gori,
rekao mi je školski drug nakon što je završio rat sa
                              dvadeset gelera
koji su mu ostali duboko ispod kože.
Pisao mi je da je uživao kada je na aerodromu
nasekirao carinske službenike koji nikako nisu mogli
                              shvatiti
zašto na kontrolnom punktu detektor metala zavija
                              bez razloga.

Nisam ni znala da sam Nacija dok nisu rekli da će
                              me ubiti,
rekla mi je prijateljica koja je pobjegla iz
                              zatvoreničkog logora
da bi je u tumaranju šumama uhvatili i silovali neki
                              Cigani.
Potom su je prodali italijanskim makroima
koji su joj u šaku utetovirali znak vlasnika i broj.
Kaže da se to pod rukavicama ne vidi.

Prepoznao sam ih u nekom gradiću u Belgiji.
Sjedili su i posmatrali kako rijeka nosi plastične
                              kese,
konzerve i đubre iz velikog grada.
Ona je preko košulje milovala
tvrde grudvice gelera na njegoviom ramenu
a on je milovao njenu rukavicu.

Htio sam da im se javim
tek da bih im ostavio jednu veselu fotografiju iz
                                              vremena
kada niko od nas nije znao za smisao Kuće i Nacije.
Onda sam shvatio da više smisla ima u jeziku tišine
kojim su ispraćali plastične kese niz rijeku
nego u jeziku na kojem bih pokušao da odglumim
ona lica sa davne fotografije
na kojoj smo se nekada svi smiješili.

(Toronto, Kanada, 1997)

IZVJEŠTAJ O DJEČAKU
I ENCIKLOPEDIJI

U vrijeme trogodišnje opsade moga grada
kada slike zapaljenih kuća, ubijenih ljudi i kolone
                                                izbjeglica
nisu silazile sa glavnih televizijskih vjesti u svijetu
u Italiji je jedan dvanaestogodišnji dječak izvršio
                                                samoubistvo.
Iza sebe je ostavio kratku poruku u kojoj kaže
da više nije mogao podnijeti scene krvavog rata.

Jadni dječak.
Mogu zamisliti nervoznu olovku u njegovoj ruci
dok se bori sa stranicom istrgnutom iz školske
                                                sveske.
Mogu vidjeti taj trenutak
kada mu se otvoreni prozor potkrovnog stana
učinio bližim od hladnog televizijskog ekrana.

Njegova smrt je u medijima trajala kratko.
Onoliko koliko su trajale rasprave o tome
koliko je uputno bezbrižnim građanima
pokazivati slike našeg nesavršenog svijeta.

Nekako u isto vrijeme, u istoj zemlji,
pojavilo se novo izdanje Enciklopedije Evrope
u kojoj se ni na jednoj stranici, pod slovom B
ne pominje užasni rat u Bosni koji je u toku.
U knjizi su stajali mostovi koji su već odavno
                                                srušeni,
isticani su muzeji koji su već nestali u plamenu

a turisti su pozivani u pejsaže
koji su već odavno pretvoreni u minska polja.

Mogu zamisliti smirenu piščevu ruku na tastaturi
                                      kompjutera
dok iz neke odavno mrtve knjige
prepisuje podatke o umirućoj zemlji.
Iza njegovih leđa je televizor
već godinama u prašini i pokvaren.

Danima sam pokušavao naći vezu između
dječaka, pisca i sebe koji sam na neki čudan način
bio povrijeđen.
Nisam našao ništa
osim da dječakova smrt poriče pisca
i da pisac poriče dječakovu smrt.
Mene tu nigdje nema.

Jednoga dana, kad već budem umoran od ratova
                                        i knjiga
plašim se da ću slučajno nabasati na Enciklopediju
                                        Evrope
i upitati se: šta radi isječak iz novina na stranici
pod slovom B.
Dječakovo tužno lice bi moglo završiti u smeću,
knjiga bi nastavila da živi na polici,
a ja, zagledan u televizijske vijesti
ne bih ni primijetio kako sam postao
jedina žrtva.

(Rim, Italija, 1995)

KNJIGA POBUNE

Niko se više ne sjeća one tajne knjige
koju nikada niko nije smio pomenuti.
Čak ni ja, koji mislim kako mudrost dolazi sa
                                        godinama.
Išla je tajno, od ruke do ruke, kao zabranjena legenda
o kojoj se samo nagađalo
i vezivala ljude slatkim ljepilom znatiželje
i teškim lancima opreza i straha.

Ja sam je preuzeo u podrumu starog porodilišta
kojeg su počeli preuređivati u zatvor.
Gurnuo mi je u ruke čovjek
čije lice sam morao istoga trena zaboraviti
i zakleti se da knjiga nikada neće pasti u ruke
                                          Policije.
Nisam uspio ni da mu kažem koliko sam ponosan
što sam postao učesnikom u pobuni.
Nestao je isto onako kako sam ja nestao sljedeće
                                          nedjelje
predavši knjigu nekome drugom.
Tih godina čekanja učinilo mi se lakšim
čekanje u redovima za hranu, olovke i hartiju.

Kad bolje razmislim,
nikada nisam saznao ime te knjige
niti mi je zadržaj ikada postao jasan.
Rečenice, ispisane mastilom, bile su u tolikoj mjeri
natopljene suzama i znojem prethodnih čitača
da sam uspjevao otkriti svaku treću riječ

kao što su: Domovina, Pobuna, Rušenje i Budućnost.
A naslovnu stranu sa imenom autora
obrisali su znojni prsti čitača
prije nego je stigla do mene.

Danas, kada mi se redovi pred javnim bibliotekama
čine sve dužim i dužim,
čini mi se kako smo svi mi, hiljade čitača,
pomalo bili autori te knjige čekanja.

Isti Predsjednik još uvijek vlada Domovinom.
Ostario je od vlasti u istoj mjeri
u kojoj smo mi ostarili od čekanja.
Ali u vrijeme Državnih Paznika nikome ne promakne
osmijeh koji mu ne silazi sa lica
kad u svečanom govoru pomene
izmišljenu Knjigu Pobune koju su smislili
smutljivci i manipulatori narodom.

Kao osmjeh nekoga ko je nekad davno napravio
dobru šalu koja se još uvijek prepričava.

(Pariz, Francuska, 1999)

KUĆA U PLAMENU

(pjesma za moju domovinu)

Gospodin X je bio kukavica
ali je imao najveću kuću u selu, veliku kao Crkva.
U njegovoj kući su se sastajali pobunjenici
koji su duboko u noć krojili mape
u kojima nije bilo mjesta za komšije
sa malim kućama.

U njegovoj kući su se održavali sastanci pobunjenika,
U njegovoj kući su se podmazivale puške,
U njegovoj kući Gospodin X je bio najglasniji
kad se odlučivalo da se komšije protjeraju.

On je trošio najviše benzina kada su komšije bježale
ne vjerujući da onaj plamen koji je grijao prozore
velike kuće Gospodina X
dolazi sa krovova njihovih kuća.

Na kući Gospodina X se dugo vijorila pobunjenička
                                               zastava,
dok prognane komšije nisu sakupile svoju rodbinu
i sa puškama krenule ka selu.
Gospodin X je bio najtiši kada se vijećalo o odbrani,
iz njegove kuće su izlazili pobunjenici
sa putničkim torbama umjesto pušaka.
Čak je i bodljikava žica oko sela postala mekana
kao korov.

Ne znam šta je Gospodin X mislio
kad je svoju veliku kuću palio onim istim benzinom

kojim je palio i male komšijske kuće.
Onaj plamen koji mu je nekada grijao lice
sad mu je grijao leđa dok je bježao iz sela.

Nakon par godina
kada je smrad zapaljenih kuća nadjačao
čak i miris cvijeća u susjednim državama
neko se sjetio da sav taj rat proglasi nesporazumom.
Privučeni povoljnim kreditima
stanovnici su se vraćali u selo i zaboravljali
da je rat ikada postojao.
Kuće su ponovo postale bijele,
osim velike crne kuće Gospodina X.

Neko od stanovnika ga je vidio
kako satima sjedi u holu Banke
i popunjava upitnik za kredit.
Sjedio je čak i kad je zadnji službenik izašao
a čistačica se mrštila gledajući toga uplašenog
                                                              čovjeka
čije odijelo miriše na benzin.
„Mogu li vam pomoći", upitala je.
„Ne možete", rekao je
i pokrio rukom posljednju rubriku na upitniku:
„Da li znate ko je uništio vašu kuću?"

Možda bi ga se i sjetila da je imao neko
                                                  prepoznatljivo ime.
Ali on se zove Gospodin X
a takvih je mnogo u svijetu.

(Srebrenica, Bosna, 1999)

SLUČAJ SA HASANOM

Jedne noći
kada je od vreline vazduh zaudarao na raspadanje,
u izbjegličkom logoru na sjeveru Danske
ćutljivi Hasan nam je ispričao kako je preživio
                          streljanje u Iranu.
Uhapsili su ga isti dan
kada je u pauzi za ručak, u rudniku srebra, ispričao
                          kolegama
kako mu se u snu prikazao sami Bog
koji je u jednoj ruci imao kanister sa naftom a
                          u drugoj komad hašiša.
Nije znao da se desila Revolucija
i da je Bog ovlastio Policiju da se bavi snovima.

Stavili su mu crni povez na oči, odveli u sudnicu,
i sa hiljadama drugih osudili a da od jauka i plača
                          nije čuo presudu.
Kaže da su mu obuli sandale
i da je dugo koračao u mračnom redu
prije nego je onoga iza sebe upitao gdje ih vode.
Na streljanje, rekao je ovaj, kao da se radi o izletu.
Onima koji su osuđeni na progonstvo daju kožne
                          sandale,
pojasnio mu je,
dok nama daju kartonske
tek toliko da stignemo do streljačkog voda.
A tvoje sandale škripe kao da su koža.

Kaže da je legao na pod i urlao
dok i zadnji zatvorenik nije prešao preko njega
a onda su ga nagradili progonom.

Božiji prsti su tu umješani – prokomentarisao je
                                    profesor Istorije.
Čista sreća – rekao je bivši sveštenik.
Spasila ga je znatiželja – uključio se kockar.
Kako vam se da toliko pričati – mrmljao je pospani
                                    političar.

Ko zna koliko bi još trajala prepirka da nije došlo
                                    jutro
kada dolazi bolničarka da previje modra Hasanova
                                    leđa.
Tad smo zaćutali.

Onda smo se svi pretvarali da spavamo i da ne
                                    čujemo
kako Hasan jauče kao da po njemu gaze ljudi,
da li mrtvi ili živi,
to još niko od nas nije načisto
jer niko od nas ne zna razliku između škripanja kožnih
i kartonskih sandala.

(Antvrpen, Belgija, 1998)

O GROBOVIMA I CVIJEĆU

Kad mi je bilo dvanaest godina
Na Državne Praznike sam
noću krišom odlazio na Groblje Heroja
i iz vjenaca krao svježe karanfile.
Upakovane u celofan
noću bi ih prodavao
zaljubljenim parovima po restoranima
a od zarađenog novca sam kupovao knjige.
Tad sam mislio da ću u knjigama pronaći
rješenje zagonetne veze između
ratova i karanfila.

U međuvremenu se desilo toliko ratova
da se groblje proširolo skoro do vrata Porodilišta.
Više niko ne prodaje karanfile po restoranima
jer je sve manje dječaka a sve je više heroja.
Osim toga,
svježi karanfili u vjencima su zamijenjeni
         vještačkim ružama
jer više niko nema vremena da se bavi cvijećem.

Sad kada mi je skoro pedeset
ponekad imam utisak da nisam otišao daleko
od onoga dvanaestogodišnjeg dječaka.
Samo što sada
te iste stare grobove
prodajem za ono malo cvijeća
što stoji na sceni pored čaše vode
i mikrofona.

(Bretanja, Francuska, 1999)

PJESMA ZA CAROL

Opet sam vidio Carol. Jedva sam je prepoznao.
Ona mene uopšte nije.
Više ne liči na svoju fotografiju
sa 326 stranice
Oxfordske Arheološke Enciklopedije.

Zatekao sam je kako na oglasnu ploču u neboderu
lijepi sliku nestalog sedmogodišnjeg dječaka
i moli za bilo kakav podatak.

Prije trideset godina,
kad joj se učinilo da njena strast za otkrivanjem
                              prerasta u požar,
ostavila je svoga sina na čuvanje prijateljici
i otišla na iskopavanje vrele Egipatske zemlje,
tražeći istoriju u kostima
starim hiljadama godina.

Nakon dvije godine vratila se sa otkrićem
kako su Stari Egipćani, u slavu Boga,
svake godine žrtvovali po nekoliko dječaka.
Sve novine su pisale o tome
a njena slava je prešla visinu
svih žrtvovanih dječaka.

Ali u stanu njene prijateljice je stanovao neko drugi
koji nije imao pojma ni o dječaku niti o bivšem
                                            stanaru.
Njena prijateljica je nestala
a policajci su samo slijegali ramenima

kad god bi im iz novčanika punog egipatskog
pijeska
izvadila dječakovu fotografiju.

Opet sam vidio Carol.
Uopšte ne liči više na fotografiju one Carol
koja je otkrila strašnu istinu o žrtvovanju dječaka
prije nekoliko vijekova.
Gdje god je pozovu da drži predavanja
o toj sramnoj istoriji žrtvovanja,
ponese sa sobom umnožene fotografije nestalog sina
i ostavlja ih po gradovima kojima i ne upamti ime.
To radi noću, kad se stid ne vidi.

Kanada je velika, rekao sam joj u prolazu.

Bol je veća od Kanade i Egipta skupa,
rekla mi je i gledala me je dugo
kao da u mome licu pokušava da prepozna
lice sedmogodišnjeg dječaka.

(Toronto, Kanada, 1999)

PROFESOR KNJIŽEVNOSTI
NA SAHRANI

Znao sam nekada jednog ružnog pjesnika koji je
                      pisao tako divne pjesme
da ih je svaki ljubavni par učio napamet kao
                      propusnicu za svijet ljubavi.
Bio je toliko ružan da su ti isti parovi sa zidova
skidali plakate za njegove književne večeri.
Među nama je kružila okrutna šala da bi se možda i
                      dočepao žene
da je na licu nosio gas-masku.

Ono ljeto kad su i ruže odbile da cvjetaju
zbog baruta koji se nastanio u vazduhu,
negdje iza ponoći, na putu prema gradu,
primio je u atomobil čudnu autostoperku
koja ga je sa zadnjeg sjedišta zabavljala
recitujući mu njegovu poeziju a da nije ni znala
                      ko je on.
Nakon prvog sata putovanja zaljubio se u neznanku,
a već drugi sat vožnje nudio je brak
glasu čijeg vlasnika nije nikako mogao da raspozna
                      u mraku zadnjeg sjedišta.
Kako li je gorio od znatiželje
kada je na prvom zaustavljanju pred planinskim
                      toaletom
upalio upaljač da vidi tu ljepotu
od koje su mu se ruke zatresle.
Ona je otišla do toaleta i nestala.
Nikad je više nije vidio.

Proveo je cijelu noć u smrdljivom planinskom
                                              toaletu
recitujući svoje najljepše ljubavne pjesme.

Znaš, rekao mi je jednom, prije nego je umro,
izgubio sam je samo iz znatiželje.
Ne zbog toga, pomislio sam.
Kad si upalio upaljač da je vidiš
morao si računati na to da će i ona tebe vidjeti.
Koliko li je samo tvoga bola ostalo u njoj.

Na njegovoj sahrani sreo sam jednu ružnu ženu
koja je u dugom redu šaputala njegove pjesme.
Dobacio sam joj da znam razlog zašto svi izdavači
odbijaju da na knjigama štampaju njegovu
                                          fotografiju.
Ništa ti ne znaš o poeziji, rekla mi je,
i otišla na kraj reda, daleko od mojih studenata
koji su se zabavljali šutajući po ulici prazni upaljač.

I ove godine su ruže odbile da cvjetaju.
Neki kažu zbog baruta koji se nastanio u vazduhu.

Ko zna.

(Toronto, Kanada, 1997)

PROSTO OBJAŠNJENJE

Ja sam šljiva. A ti si jabuka.
Dugo već ležimo u istoj košari od mrtvih grana.
I skupa lijepo mirišemo po mirisu
koji jedno drugom posuđujemo.
Samo mi raspoznajemo čiji je koji.

Opsjedaju me noćne more da ću se jednom probuditi
i da će od tebe ostati samo tvoj miris,
ovaj koji nosim u sebi.

Zato,
kada ti počnem smetati, molim te,
nemoj nagovarati krušku da mi okrene svoja trula
                                                                      leđa.
Istjeraće me na vrh košare.
Imaj na umu
da ruka koja posegne za voćem
ponekad ne razmišlja o ukusu.
Sačekaj da se sama osušim
jer ću se sušiti i sa tvojim mirisom
koji će ostati iza tebe.

Molim te..

(Zurigze, Holandija, 1995)

ZLATNA RIBICA

U vrijeme kada su i se prosjaci stidili da prose
razmijenio sam sa nekim vojnikom
pozlaćeno djedovo ordenje za zlatnu ribicu.
Stavio sam je u veliku staklenu posudu
u kojoj su u nekim boljim danima stajali slatkiši
i poklonio je djeci za svoj rođendan.

Ponekad smo zaboravljali danima da nahranimo
to ćutljivo biće čiju tišinu je Bog nagradio zlatom.
Znali smo mjesecima da joj ne promijenimo vodu
ali zlatna ribica je odbijala da umre
i završi svoj mistični život u običnoj klozetskoj šolji.
Ja bih je primijetio samo onda
kada bi na njenoj krljušti zablještao požar sa
                                              susjedne kuće,
jedino svjetlo pod kojim bi noću prepoznavali
                                              naša uplašena lica.

Jedno jutro sam spazio moju djecu
kako kleče oko staklene zdjele
i mole zlatnu ribicu da okonča taj ratni teatar
                                              u kojem ljudi
nestanu i više se nikad ne pojave.
A potom pričaju kako je ta ista zdjela
nekada bila puna slatkiša.

Pomislio sam,
kako bih volio da i onaj vojnik
od kojeg sam tu zlatnu ribicu dobio

sa istom bolom posmatra pozlaćeno ordenje moga
                                                djede
i pomišlja na to kako je to isto zlatno ordenje
moj djeda nekada davno stekao
tek mijenjajući ga možda za zlatnu ribicu.

(Šarlotataun, Kanada, 1996)

COLETOVA MAČKA

Čuo sam kako razmišlja Coletova mačka. Mogao bih
se zakleti.
Desilo se to dan poslije sahrane kada smo nekolicina
nas,
ušli u njegov iznajmljeni podrumski sobičak
da odnesemo u zalaganicu
ono što je ostalo od našeg prijatelja.
Mačka je sjedila pored prazne posude za hranu
i gledala me pravo u oči.

Gle, pakuju knjige na kojima sam spavala duže
nego što ih je Cole čitao. Mogla bih se lako sjetiti
svake stranice
na kojoj bi se on rasplakao a ja bih mu sjela u krilo
i tješila ga.
Odnose i kauč
na kojem bi Cole odjeven znao zaspati
a ja bih mu se popela na grudi i grijala
hladno sazviježđe vinskih mrlja na njegovoj košulji.
Pakuju i deku koja još uvijek miriše na moje mačiće.
Nikada ih nisam uspjela odučiti
da ne jedu ostatke hrane iz Coletovog tanjira.
Onda su otišli a ja sam ostala da se igram sa paucima
i čuvam svetu tišinu našeg malog podrumskog stana.

Odnose i klavir na kojem sam ležala
dok je Cole svirao neke tužne pjesme
koje niko od njih nikada nije čuo.
Znam svaku od njih napamet.

One su pohranjene u mome stomaku
kao i Coletov strašni kašalj kad bi se kasno noću
vratio u prljavom radničkom odijelu.
Te grube ruke nikoga nisu milovale tako nježno
kao što su milovale mene.

Odnose sve.
Ali niko ne poseže za mojojm posudom za hranu,
najmanjim predmetom u ovoj sobi.
Kao da se svi plaše živih uspomena
koje su pohranjene u meni.

(Sarajevo, Bosna, 1998)

DA SAM SLUČAJNO

Da sam ti slučajno dodirnuo ruku u metrou
koji svako veče neumoljivo vozi
ka mome hladnom samačkom stanu
možda bi pokušala potražiti moje stidljive oči
sakrivene ispod kape.
Da to nije čovjek koji na mojoj telefonskoj
                                        sekretarici
ostavi tišinu nekoliko puta na dan,
možda bi pomislila.

U pretrpanom vagonu niko ne bi primijetio
da ti milujem pramen kose
koji tako bezobrazno miriše na moj jastuk.
Niko osim tebe.
Možda bi na trenutak pomislila kako je svijet
pun usamljenih ljudi
uključujući nekoga koji ti već godinama
šalje novogodišnje čestitke
i nikada se ne potpiše?

Da sam se nježno naslonio na tebe
u tome tijesnom vagonu punom pospanih i umornih
                                                          ljudi
možda bi osjetila požar u mojoj koži
i poželjela da se griješ makar stanicu više
na ramenu stidljivog čudaka
čija toplina te podsjeća na nešto što si zaboravila.
Svijet je pun hladnih ljudi sa sjeverom u grudima
i strahom od dodira,
možda bi pomislila

Mogao sam ti dodirnuti ruku da nisi izašla
na stanici na kojoj inače nikada ne izlaziš.
Trebao mi je samo trenutak da izvučem ruku
i pokažem ti tvoju naušnicu
koja već godinama stanuje u mome džepu.
Onu istu koju sam našao u mome krevetu,
nekada davno
prije nego si me zaboravila.

Ali ko zna da li bi je uopšte prepoznala.
Svijet je pun odbjeglih naušnica
koliko i usamljenih ljudi,
možda bi pomislila.

(Toronto, Kanada, 1999)

KAD ZASPIM I KAD SE PROBUDIM

Zaspim uveče
sa pomišlju kako
najgore što se može desiti pjesniku
jeste da piše iz vlastitih iskustava.
Ostavim na stolu nedopijenu čašu,
pepeljaru punu opušaka i neplaćene račune za struju
ne bi li ih kroz prozor ugledale komšije
koje još uvijek misle da je pisanje poezije uz svijeću
prilično romantično.

Probudim se ujutro
i vidim komšinicu kako zalijeva cvijeće i pjeva
                                         neku pjesmu
koja me podsjeća na neki davni dom.
Mogu osjetiti miris šampona u njenoj kosi
i kroz prozor skoro mogu dodirnuti čipku
                                         na njenoj haljini
dok se naginje nad saksije
praveći se da me ne vidi i da ne pjeva zbog mene.
Onda pomislim kako nema razloga
da zbog poezije putujem suviše daleko
kad mi stoji na dohvat ruke.

(Toronto, Kanada, 1996)

ZAVJESE

za Radu

Probudim te usred noći i kažem ti
Imam jedan zanimljiv san. Dođi da ga sanjaš
                              sa mnom.
Ti se samo nasmiješiš i okreneš se na drugu stranu.
Htio sam ti samo reći
da na uglu našeg kreveta,
naše nedodirljive Države sa zastavom od čaršafa,
tamo gdje nam se spajaju noge,
sjede Aboridžin i Laponac
i prelistavaju knjigu o Indijancima.

Htio sam ti reći
da naš pokrivač sve više podsjeća na debele zavjese
koje sam navukao preko prozora
što nas neubjedljivo dijele od ulice.

Htio sam ti reći
da već godinama ne umijem da spavam
gledajući te kako se u snu smiješiš.

(Oslo, Norveška, 1995)

INSERT IZ RAZGOVORA SA BOGOM

Cijelu noć sam se svađao sa Bogom. Koja noćna
                                          mora.
Zamalo sam se rasplakao od mučnog osjećaja
                                  da ličimo
na bračni par koji se razvodi zbog nevjere
mada nisu sigurni da je ljubav zauvijek iščezla.
Ja sam gledao sjever u njegovim očima
a on je slušao rat u mome glasu,
i stotine pitanja koja su zvečala kao odgovori.
On se češkao se iza uha
i nije imao šta reći.

Pokazao sam mu modri trag na prstu starice
koja je upravo prodala svoj vjenčani prsten
da bi kupila ulje za kandilo.
Pokazao sam mu cipelu bačenu na smetljište.
Je li ta cipela ista kao ona na nozi dječaka
što na štakama prosi iza crkve
ne bi li otkupio staričin prsten
u kojem stanuje istorija njegove porodice.
Ne sjećam se jesam li mu rekao
da me neće ubijediti u svoje postojanje
čak i da se rukujemo.
Ne sjećam se.

Probudio sam se pored pepeljare pune opušaka
kada je mamurluk ulazio u mene.
Ne sumnjam da se Bog lijepo zabavljao gledajući me
zbunjenog pred ogledalom.

Ali bih se mogao opkladiti
da mi se tada na lice uselio ovaj osmijeh,
sličan osmijehu čovjeka koji se sa nevjernom ženom
upravo dogovorio o detaljima razvoda,
onda pokvario lift
i sa desetog sprata pošao pješke,
stepenik po stepenik prema dolje
nestrpljivo očekujući da sretne onoga
koji će se penjati
stepenik po stepenik
prema gore.

(Bari, Italija, 1995)

NA KRAJU VIJEKA

Po meni
Dvadeseti vijek je trajao kratko,
možda tek nekoliko godina,
tek toliko kako bih naučio da hodam
i da se pretvaram kako padanje ne boli.
Tad sam naučio da je najbolje previjati rane
zavojima pravljenim od vlastite kože.

Ja sam dječak koji je predugo sjedio sam
u praznoj učionici čekajući učitelja
koji se nikada nije pojavio.
Na njega je podsjećala tek kreda na katedri
a ja sam ostao i dalje pred praznom tablom
da maštam,
zatvoren u praznu školu.

Sve što sam saznao,
saznao sam vireći kroz prozor
sakriven iza zavjese.
Odbolovao sam svaku sahranu,
radovao se svakom rođenju
i tugovao sa uličnim revolucionarima
kad bi se sa pocjepanim transparentima razilazili.

Dvadeseti vijek je trajao kratko
Tek toliko da naučim kako tišina zna lijepo da prede
i kako samoća zna strašno da ujede.
Nisam imao vremena da se zaljubim,
ni u onaj par ruku što je na školu nalijepio oglas o
                                                      rušenju,

ni u vlažne oči Policajke što me je odvela
ni u anđeosko lice doktorice u Staračkom Domu.
Moju djecu sada uspavljuje ljubljena žena
koju nikada nisam sreo.

Nisam uspio da ostarim tako
da makar golubovi u parku primijete da me nema.
Desilo mi se da ostarim iznutra,
kao lubenica
koja je predugo sanjala avgust
i probudila se u decembarskom jutru.

Od cijelog života ponio sam samo kredu
koja je ostala iza učitelja
i koja mi se čini ogromnom kao svemir
dok je posmatram kroz naočale
iz prvog razreda.

(Njujork, Amerika, 1999)

NA BICIKLU

Ja vozim bicikl. Luđački okrećem pedale
i gledam brojčanik koji mi kaže
da sam daleko od iznenadnog srčanog napada
i sve bliže mojoj mladoj ženi koja je tek stigla
a koja katkada plače bez ikakavog razloga.

Ja to mogu bolje. Ja mogu voziti brže.

Onaj momak što sjedi na stepenicama
agencije za sahrane, nije li to Vojček?
Bio je slavni disk džokej u svojoj zemlji
dok nije prodao zlatnu kolekciju ploča
da bi stigao do obećane zemlje.
Umjesto muzike sad sluša tišinu
koju ponekad naruši zveket novčića
kad padnu u kutiju ispred njega.

Ja to mogu bolje. Ja mogu voziti brže.

Ona plavuša ispred striptiz bara
u suknji koja ne sakriva ništa od njenoga
donjega svijeta,
nadam se, da se ne zove Vesna.
Stigla je istim avionom kao i ja planirajući
da se uda za nekoga sa kojim se dopisivala.
Pretpostavljam, taj bi trebao biti
ovaj isti tetovirani tip što joj dobacuje iz automobila
da otkopča jos jedno dugme na bluzi
i da se smiješi.

Zna li on uopšte da je ona nekada bila
telentovana balerina?

Ja to mogu bolje. Ja mogu voziti brže.

Svijet je otišao do đavola ako se onaj
sjedi čovjek u ortopedskim kolicima zove Jan.
Nekada je bio uspješni fotograf – sad je samo okvir.
Opsjednut kockanjem i snovima o lakoj pari
godinama je služio kao pokusni kunić
za vojne eksperimente.
Onoga dana kada je na lutriji dobio velike pare
kažu da je obolio od neke bolesti raspadanja
za koju niko nikada nije čuo.
Sad troši pare kupujući dezodoranse
ne bi li ublažio smrad prije nego što pođe u Kasino.

Ja to mogu bolje. Ja mogu voziti brže.

Dosta je za danas – čujem kako moj trener viče
i vadi iz kasetofona kasetu
sa šumovima vjetra i gradske vreve.
Siđi sa toga trim bicikla bez točkova
i ne usuđuj se moljakati za još koji minut
vježbanja.
Svakim danom nam stiže sve više pridošlica
koji postaju nestrpljivi
čekajući na tebe da staneš.
Kad pođeš pod tuš ne zaboravi sobom ponijeti
svoje duhove i svoje strahove
i vidimo se sljedeće sedmice.

Možeš ti to bolje. Možeš ti to brže.

(Čikago, Amerika, 2000)

MOJ AKCENT

Za Višnju

Ja volim ovaj moj akcent, volim ovu bitku između
divljeg mora riječi koje napadaju moj slabašni jezik
što odbija da se ponaša kao čamac.
Moj akcenat se ne može čuti na službenim jutarnjim
vijestima samo zato što stanuje na ulici,
u šuškanju oglasa priljepljenih za ulične bandere
na kojima beznačajni neko
nudi beznačajni posao
nekome sa stranim akcentom.
Skoro da volim što u mome izgovoru mogu otkriti
i svoju prošlost i drugačiju sebe
koja je još uvijek u stanju razgovarati sa zamišljenim
ribama
u običnoj čaši vode.

Moj djeda je bio ribar
pa sam rasla na lučkim dokovima čekajući ga da
se pojavi.
Kad sam se rodila sagradio mi je ogromni akvarijum
i svaki put kad bi se vratio sa mora stavio bi
u akvarijum
najljepšu ribu koju je te noći ulovio.
Dao bi joj ime po nekoj novoj riječi koju sam morala
naučiti
prije nego donese sljedeću.
Sjećam se da su se prve dvije ribe zvale *Ja* i *Sam*
a poslije toga sam ljepotu jezika učila kroz
blještavilo krljušti.
Tako sam prepoznavala riječi po tišini i bojama.
Kad bi se djeda ujutro vratio

satima bi sjedili pred akvarijumom
praveći rečenice po ribama kad bi prošle
jedna pored druge.
Tako sam učila da govorim.

Napustila sam kuću one noći
kada je moj djeda odveslao u noć da uhvati crnu ribu
i više se nikada nije vratio.

Sada dok sjedim u svojoj praznoj sobi
i razgovaram sa duhovima riba
koje sam nekada prepoznavala kroz riječi,
dok pratim sjenke riba koje su izgubile svoju boju
kao da sjedim u praznom akvarijumu.
I jedini zvuk koji čujem
to je šuštanje oglasa priljepljenih za ulične bandere.

Ja volim ovaj moj akcent...
Ja volim ovaj moj akcent...
ponavljam bezbroj puta ovu frazu
da se slučajno ne bih upitala:

Ko sam ja sada.
Jesam li imalo slična sebi
ili sam ona crna riba
koju je moj djeda otišao da uhvati.

(Toronto, 2000)

O PISCU

Goran Simić (1952) rođen je u Bosni. Do kraja rata živio u Sarajevu a potom se preselio u Kanadu. Objavio je deset knjiga poezije i drame. Posljednja pjesnička knjiga *Sarajevska tuga,* originalno objavljena 1995. u Sarajevu, prevedena je i objavljena na osam jezika. Većina pjesama uvrštenih u ovu zbirku objavljena je u knjigama *Alledaagse Adam* (Atlas, Amsterdam, 1999), *Peace and war* (sa Fraserom Sutherlandom, Toronto, 1998) i *Sprinting from the graveyard* (Oxford University Press, Engleska, 1997). Pjesme su mu uvrštene u dvije antologije svjetske poezije i u Antologiji Srpske i Bosansko-Hercegovačke poezije.

Drame su mu igrane na BiH pozorišnim scenama.
Živi u Torontu.

Fotografija
Berge Arabian

SADRŽAJ

Emigrantska 5
Razlike u rušenjima. 7
O Ursuli i jeziku 9
Debela crvena linija 11
Otac i pčele 12
Slike koje se ponavljaju 14
Dolazi proljeće u moj grad 16
Ništa nisam naučio 18
U vrijeme gladi 20
Grob neznanog junaka 22
Treća engleska pjesmica 24
Dragi moj Horhe 26
Imena 27
Bilješka o šumi i tebi 29
Korak do ludila 31
O starcima i snijegu 33
Rat je završen, moja ljubavi 35
Prizor, nakon rata 37
Izvještaj o dječaku i Enciklopediji 39
Knjiga pobune 41
Kuća u plamenu 43
Slučaj sa Hasanom 45
O grobovima i cvijeću 47
Pjesma za Carol 48
Profesor književnosti na sahrani 50
Prosto objašnjenje 52
Zlatna ribica 53
Coletova mačka. 55

Da sam slučajno 57
Kad zaspim i kad se probudim 59
Zavjese 60
Insert iz razgovora sa Bogom 61
Na kraju vijeka 63
Na biciklu 65
Moj akcent 67
O piscu 69

Goran Simić
KNJIGA LUTANJA

*

Glavni urednik
NOVICA TADIĆ

*

Recenzent
JOVICA AĆIN

*

Korektor
NADA GAJIĆ

*

Izdavač
IP RAD
Beograd, Dečanska 12

*

Za izdavača
SIMON SIMONOVIĆ

*

Priprema teksta
Grafički studio RAD

*

Štampa
Sprint, Beograd

CIP – Каталогизација у публикацији
Народна библиотека Србије, Београд

886.1-14

СИМИЋ, Горан

    Knjiga lutanja : pesme / Goran Simić. – Beograd : Rad, 2000 (Beograd : Sprint). – 70 str. : slika autora ; 21 cm. – (Znakovi pored puta)

Beleška o piscu: str. 69. – Napomene uz tekst.

ISBN 86-09-00722-7

ID=88141580

www.ingramcontent.com/pod-product-compliance
Lightning Source LLC
Chambersburg PA
CBHW071743040426
42446CB00012B/2450